ΑΝΤΙΜΕΤΩΠΙΣΗ ΤΩΝ ΠΡΟΚΛΗΣΕΩΝ ΜΙΑΣ ΝΕΑΣ ΘΕΣΗΣ ΕΡΓΑΣΙΑΣ

Όλα όσα χρειάζεστε για να ευδοκιμήσετε στο νέο σας ρόλο

50MINUTES.com

ΑΝΤΙΜΕΤΩΠΙΣΗ ΤΩΝ ΠΡΟΚΛΗΣΕΩΝ ΜΙΑΣ ΝΕΑΣ ΘΕΣΗΣ ΕΡΓΑΣΙΑΣ

Όλα όσα χρειάζεστε για να ευδοκιμήσετε στο νέο σας ρόλο

γραμμένο από Bénédicte Palluat de Besset
μεταφρασμένο από Lina Sideris

ΑΝΤΙΜΕΤΩΠΙΣΗ ΤΩΝ ΠΡΟΚΛΗΣΕΩΝ ΜΙΑΣ ΝΕΑΣ ΘΕΣΗΣ ΕΡΓΑΣΙΑΣ

- **Προβλήματα;** Ποια είναι τα πλεονεκτήματα που πρέπει να καλλιεργήσετε και ποιες οι παγίδες που πρέπει να αποφύγετε για να έχετε μια επιτυχημένη δοκιμαστική περίοδο;

- **Γιατί;** Να βελτιστοποιήσετε τους πρώτους μήνες σε μια θέση εργασίας, ώστε να αποκτήσετε γρήγορα νομιμοποίηση και να προετοιμάσετε το μέλλον σας στην εταιρεία.

- **Πλαίσιο;** Είσοδος στην επαγγελματική ζωή, αλλαγή θέσης, επανέναρξη δραστηριότητας.

- **ΣΥΧΝΕΣ ΕΡΩΤΗΣΕΙΣ?**

  o Πώς μπορώ να προετοιμαστώ για τη νέα μου δουλειά;

  o Πώς διαχειρίζομαι το άγχος μου;

  o Τι να φορέσω;

  o Πώς μπορώ να ενταχθώ στην εταιρική κουλτούρα;

  o Πώς μπορώ να κάνω τους ανθρώπους να αποδεχτούν τις αλλαγές που θέλω να κάνω;

  o Ποιον να ρωτήσω;

  o Σε ποιον μπορώ να βασιστώ;

Είτε πρόκειται για νέους πτυχιούχους, είτε για νεοπροσληφθέντες είτε για νεοπροαχθέντες, για όλους τους εργαζόμενους, η έναρξη της απασχόλησης αποτελεί μια κρίσιμη περίοδο στην επαγγελματική τους ζωή. Στο τέλος αυτών των πρώτων μηνών ολοκληρώνεται πραγματικά η διαδικασία πρόσληψης, αλλά είναι επίσης μια περίοδος που προδιαγράφει το μέλλον του εργαζομένου στον οργανισμό.

Ανεξάρτητα από τον τρόπο με τον οποίο έγινε η πρώτη επαφή κατά τη διάρκεια της πρόσληψης, υπάρχει συχνά μεγάλη πίεση για να βρεθεί κάποιος σε μια νέα θέση εργασίας. Αν κάνετε τον κόπο να αποκτήσετε γρήγορα αξιοπιστία στις επαφές σας, θα γίνετε αποδεκτοί και αναγνωρισμένοι στη θέση σας και θα έχετε επαρκή βάση για να κάνετε πράγματα. Για να αποκτήσετε αυτή την πολύτιμη νομιμότητα, είναι προτιμότερο να αποφύγετε ορισμένα λάθη και να γνωρίζετε τα τεχνάσματα που θα σας επιτρέψουν να κατανοήσετε τις προσδοκίες του εργοδότη σας.

Ακριβώς όπως οι περίφημες 100 ημέρες στην πολιτική, οι πρώτοι μήνες σε μια εταιρεία είναι κρίσιμοι για να αποδείξει κανείς την αξία του και να δικαιολογήσει την παρουσία του. Τα γραφεία προσλήψεων, οι διευθυντές ανθρώπινου δυναμικού και οι διευθυντές εταιρειών το γνωρίζουν καλά αυτό. Ως εκ τούτου, είναι σημαντικό να προετοιμαστείτε για την εργασία, να έχετε επίγνωση του νέου σας εργασιακού περιβάλλοντος και να διαχειρίζεστε την επικοινωνία σας όσο το δυνατόν καλύτερα.

ΤΑ ΒΑΣΙΚΑ ΓΙΑ ΝΑ ΕΙΣΑΙ ΝΕΟΣ ΝΕΟΣΥΛΛΕΚΤΟΣ

Είτε βγαίνετε από μια περίοδο αδράνειας είτε εργάζεστε σε δύο συνεχόμενες δουλειές, θα πρέπει να προετοιμαστείτε για τα νέα σας καθήκοντα. Αυτή η προετοιμασία θα είναι διαφορετική και προσαρμοσμένη στην κατάσταση και το προφίλ σας, αλλά θα ήταν μεγάλο λάθος να την παραμελήσετε!

ΚΑΛΗ ΠΡΟΕΤΟΙΜΑΣΙΑ ΓΙΑ ΕΠΙΧΕΙΡΗΣΙΑΚΗ ΑΦΙΞΗ

Η ανάληψη μιας νέας θέσης απαιτεί μεγάλη προσωπική επένδυση. Να είστε προετοιμασμένοι να περάσετε πολλές ώρες στο γραφείο: πίσω από τον υπολογιστή σας, σε συσκέψεις ή με τους νέους συναδέλφους σας. Αυτή η αυξημένη παρουσία στα πρώτα στάδια θα σας επιτρέψει να κατανοήσετε τις προκλήσεις της εργασίας, να προσαρμόσετε τη δήλωση αποστολής σας στην πραγματικότητα και να αποκτήσετε μια καλή εικόνα της λειτουργίας της νέας σας εταιρείας. Θα πρέπει να είστε όσο το δυνατόν πιο συγκεντρωμένοι για να μπορέσετε να λάβετε όλες τις επίσημες και ανεπίσημες πληροφορίες, οι οποίες είναι απαραίτητες για να εντρυφήσετε στην κουλτούρα της νέας σας εταιρείας. Για να αντιμετωπίσετε αυτόν τον μαραθώνιο, είναι σημαντικό να είστε σωματικά ξεκούραστοι, να διατηρείτε έναν υγιεινό τρόπο ζωής και να είστε διανοητικά και ψυχολογικά διαθέσιμοι να απορροφήσετε, να ερμηνεύσετε και να αναλύσετε τις νέες πληροφορίες.

⊙ ΜΙΚΡΟ ΣΥΝ

Αποδεχόμενοι μια νέα θέση εργασίας, γνωρίζετε ότι ο ελεύθερος χρόνος σας θα μειωθεί σημαντικά για αρκετούς μήνες- οι γύρω σας δεν το έχουν απαραίτητα λάβει υπόψη τους. Μη διστάσετε να το πείτε στην οικογένειά σας, στα παιδιά σας και στους φίλους σας. Δεν είναι πάντα εύκολο να περικόπτεται ο ελεύθερος χρόνος σας, αλλά είναι ακόμη πιο δύσκολο όταν τα αιτήματα πληθαίνουν και οι αρνήσεις παρεξηγούνται.

Σε κάθε περίπτωση, ενημερωθείτε για τον νέο σας εργοδότη- έτσι θα αποφύγετε ερωτήσεις στις οποίες θα μπορούσατε να γνωρίζετε την απάντηση. Διαβάστε τη βιβλιογραφία που θα βρείτε σχετικά. Να είστε περίεργοι! Ορισμένες εταιρείες εκδίδουν ένα εισαγωγικό φυλλάδιο για τους νέους υπαλλήλους τους. Απορροφήστε αυτό το έγγραφο, έχοντας κατά νου ότι πρόκειται για ένα εργαλείο επικοινωνίας στο οποίο δεν μπορεί να αποκλειστεί κάποια υποκειμενικότητα.

Αν βγαίνετε από μια περίοδο αδράνειας, ίσως αξίζει να δουλέψετε για τη συγκέντρωση και τη μνήμη σας πριν από τη μεγάλη μέρα. Η μνήμη, οι γρίφοι, τα αινίγματα, οι νοεροί υπολογισμοί, οι λογικές σειρές κ.λπ. είναι όλες εύκολες και διασκεδαστικές ασκήσεις που θα σας εκπαιδεύσουν να είστε πιο αποτελεσματικοί όταν έρθει η ώρα. Η μνήμη, τα παζλ, οι γρίφοι, οι νοεροί υπολογισμοί, οι λογικές σειρές κ.λπ. είναι μικρές, εύκολες και διασκεδαστικές ασκήσεις που θα σας εκπαιδεύσουν να είστε πιο αποτελεσματικοί όταν επιστρέψετε στην εργασία σας. Αντίστοιχα, αν κατά τη διάρκεια των μηνών αναζήτησης εργασίας, ο ρυθμός της ζωής σας ήταν χαοτικός, επιστρέψτε γρήγορα σε έναν κανονικό ρυθμό και αρχίστε να αθλείστε (ξανά).

Αν, από την άλλη πλευρά, συνεχίζετε την προηγούμενη εργασία σας, προσπαθήστε να έχετε τουλάχιστον ένα μήνα διάλειμμα μεταξύ των δύο συμβάσεων. Αυτό θα σας δώσει χρόνο να αναλογιστείτε την προηγούμενη εργασία σας, να σκεφτείτε τις προσδοκίες σας για τη νέα σας εργασία και να γεμίσετε τις μπαταρίες σας. Εκμεταλλευτείτε αυτό το διάστημα για να κάνετε μια ρήξη με την προηγούμενη εργασία σας. Μπορείτε να καταγράψετε τα θετικά σημεία της τελευταίας σας εμπειρίας, αλλά και τα λιγότερο θετικά. Το γύρισμα της σελίδας αυτής της επαγγελματικής περιόδου που ανήκει πλέον στο παρελθόν θα σας επιτρέψει να ξεκινήσετε τη νέα σας δραστηριότητα με νέα μάτια. Δεν είναι ποτέ καλή ιδέα να ξεκινήσετε μια νέα δουλειά με νοσταλγία για την προηγούμενη. Η σύγκριση των εργαλείων πληροφορικής, των διαδικασιών ή των μεθόδων διαχείρισης του νέου σας εργασιακού περιβάλλοντος με την προηγούμενη εργασία σας δεν είναι ο καλύτερος τρόπος για να νομιμοποιήσετε την πρόσληψή σας.

ΕΝΕΡΓΗΤΙΚΗ ΑΚΡΟΑΣΗ ΓΙΑ ΕΠΙΤΥΧΗ ΕΝΣΩΜΑΤΩΣΗ

Το πρώτο βήμα για την εδραίωση της αξιοπιστίας σας είναι να ενσωματωθείτε στη νέα σας εταιρεία. Για να το πετύχετε αυτό, δώστε μεγάλη προσοχή στο νέο σας εργασιακό περιβάλλον και αφουγκραστείτε όλα τα μικρά σήματα που έρχονται στο δρόμο σας. Με λίγα λόγια, προσπαθήστε να καταλάβετε σε τι μπλέκεστε!

Φυσικά, δώστε προσοχή σε όλα όσα ρητά λέγονται, εξηγούνται και σας ανατίθενται. Μη φοβάστε να κρατάτε σημειώσεις, ακόμη και αν αυτό σημαίνει ότι πρέπει να γράφετε τα πάντα. Φροντίστε να τις οργανώσετε καλά και να τις ξαναδιαβάζετε καθημερινά- ο στόχος είναι να διασφαλίσετε ότι είναι εύκολα προσβάσιμες, κατανοητές και ότι δεν υπάρχουν γκρίζες ζώνες. Αν κάποια στοιχεία είναι ασαφή ή ελλιπή, τολμήστε να ρωτήσετε τους νέους συναδέλφους σας. Είναι απολύτως φυσιολογικό να κάνετε ερωτήσεις όταν είστε νέοι!

Εκτός από όλες αυτές τις επίσημες ενδείξεις, υπάρχουν και ανεπίσημες πληροφορίες, οι οποίες είναι συχνά πιο δύσκολο να υποκλαπούν, αλλά εξίσου σημαντικές αν θέλετε να βρείτε τη θέση σας στην εταιρεία. Ποιοι είναι οι σχετικοί δεσμοί στην ομάδα; Ποιες είναι οι συνήθειες στο διάλειμμα για καφέ και στο μεσημεριανό γεύμα; Ποιος σας φαίνεται ιδιαίτερα απόμακρος; Και ούτω καθεξής. Παρατηρώντας ενεργά το νέο σας εργασιακό περιβάλλον, θα είστε σε θέση να εντοπίσετε τους ανθρώπους που εμπιστεύεστε, εκείνους που μπορείτε να ρωτήσετε, εκείνους στους οποίους μπορείτε να στηριχτείτε, αλλά και εκείνους που ασκούν επιρροή ή είναι πιο πολιτικοποιημένοι. Ακούγοντας την κουλτούρα της εταιρείας σας, αλλά και κάθε συνομιλητή σας, θα μπορέσετε να κατανοήσετε και να αναλύσετε τις προσδοκίες τους. Αυτό το βήμα είναι απαραίτητο για την οικοδόμηση της αξιοπιστίας σας. Πράγματι, δεδομένου ότι η αξιοπιστία είναι ένα εντελώς υποκειμενικό φαινόμενο, αποδίδεται από τα άτομα σύμφωνα με το δικό τους πλέγμα ανάγνωσης. Κάθε άτομο θα ορίσει ένα αξιόπιστο πρόσωπο σύμφωνα με τις δικές του προσδοκίες και ανάγκες.

ΕΞΥΠΝΗ ΕΠΙΚΟΙΝΩΝΙΑ ΓΙΑ ΑΝΑΓΝΩΡΙΣΜΕΝΕΣ ΔΕΞΙΟΤΗΤΕΣ

Δεν μπορεί να ειπωθεί αρκετά συχνά ότι η ικανότητα επικοινωνίας αποτελεί σημαντικό πλεονέκτημα για την επιτυχία. Μπορεί να διαθέτετε όλες τις δεξιότητες και την εμπειρία που χρειάζεστε, αλλά αν δεν επικοινωνήσετε σωστά τις γνώσεις και τα δυνατά σας σημεία, θα είναι δύσκολο να πετύχετε διάκριση.

Φροντίστε την εμφάνισή σας

Ήδη από τον πρωτο αιώνα μ.Χ., ο Κουιντιλιανός, καθηγητής ρητορικής στη Ρώμη, κατανοούσε τη σημασία της εμφάνισης. Ο Κουιντιλιανός, καθηγητής ρητορικής στη Ρώμη, αντιλαμβανόταν τη σημασία της εμφάνισης όταν δίδασκε τους μαθητές του: *"Vestis virum reddit"* ("Τα ρούχα κάνουν τον άνθρωπο"). *("Τα ρούχα κάνουν τον άνθρωπο") Ακόμα περισσότερο, σε* μια κοινωνία της εικόνας, η πρώτη εντύπωση είναι καθοριστική. Ως εκ τούτου, επιλέξτε ρούχα που είναι κατάλληλα για τη θέση σας και με τα οποία αισθάνεστε άνετα. Μην παραμελείτε τα χέρια και το χτένισμά σας και δώστε ιδιαίτερη προσοχή στη στάση του σώματός σας. Παρατηρήστε πώς ένα άτομο που στέκεται όρθιο, χαμογελά και δεν φοβάται να κοιτάξει τους ανθρώπους στα μάτια εμπνέει επαγγελματισμό, συμπάθεια και αυτοπεποίθηση. Όλα αυτά τα μικρά εξωτερικά σημάδια σας δίνουν μια γενική εμφάνιση που οι συνάδελφοί σας θα προσπαθήσουν να αναλύσουν για να σας αναγνωρίσουν. Θυμηθείτε ότι χρειάζονται κατά μέσο όρο τρία δευτερόλεπτα για να κρίνουμε ένα άτομο και ότι πάνω από το ήμισυ αυτής της κρίσης βασίζεται στην εξωτερική εμφάνιση.

👁 ΜΙΚΡΟ ΣΥΝ

Προσέξτε πώς ντύνεστε στο τραπέζι. Αν το αφεντικό σας σας ζητήσει να γευματίσετε μαζί του, δεν είναι απαραίτητα (μόνο) για την ευχάριστη και ανεπίσημη πτυχή μιας συνάντησης εκτός των χώρων της εταιρείας. Μπορεί επίσης να είναι ένας τρόπος παρατήρησης του τρόπου με τον οποίο κρατάτε τον εαυτό σας. Αν η δουλειά σας περιλαμβάνει επαφή με πελάτες, το αν ακολουθείτε ή όχι τους κανόνες εθιμοτυπίας μπορεί να σας ανοίξει ή να σας κλείσει πόρτες.

Παρουσιάστε τον εαυτό σας

Εάν δεν σας έχει ανατεθεί κάποιος να σας παρουσιάσει την εταιρεία και να σας ξεναγήσει στα τμήματα, ζητήστε να γνωρίσετε τους νέους συναδέλφους σας ή αναλάβετε την πρωτοβουλία να το κάνετε. Να είστε χαμογελαστοί, ευγενικοί και εγκάρδιοι με όλους, από την καθαρίστρια μέχρι τον πρόεδρο. Να θυμάστε το μικρό όνομα όλων όσο το δυνατόν περισσότερο και αν η μνήμη σας σας απογοητεύει, ζητήστε από το άτομο του οποίου το όνομα έχετε ξεχάσει να σας συστηθεί μόλις το ξανασυναντήσετε. Μην περιμένετε, αλλιώς δεν θα μπορέσετε να κάνετε την ερώτηση χωρίς αμηχανία!

👁 ΣΥΜΒΟΥΛΗ

Αν δεν είστε καθόλου φυσιογνωμιστής, σχεδιάστε ένα σχέδιο των χώρων στο οποίο θα αναφέρετε τη θέση των γραφείων με την ταυτότητα κάθε ενοίκου. Εάν είναι απαραίτητο, προσθέστε μια σύντομη περιγραφή ή παρατήρηση που θα σας βοηθήσει να θυμάστε τους νέους συναδέλφους σας: "ψηλός μελαχρινός τύπος που συναντήσατε στο μηχάνημα του καφέ", "μικρή ξανθιά με κόκκινα γυαλιά", κ.λπ.

Φυσικά, προσέξτε να μην το αφήσετε να το βλέπουν όλοι. Αποθηκεύστε το μαζί με τα πράγματά σας, ώστε να μην έχει πρόσβαση σε αυτό κανείς άλλος εκτός από εσάς.

Μην αμελείτε τον τόνο με τον οποίο εκφέρετε τη γνώμη σας ή κάνετε τις παρουσιάσεις σας. Να έχετε αυτοπεποίθηση, να επικοινωνείτε με αποφασιστικότητα και δυναμισμό. Ένα άτομο που εμπνέει εμπιστοσύνη και μεταδίδει ενέργεια έχει την ικανότητα να παρακινεί ομάδες! Πρόκειται για ένα χρήσιμο και περιζήτητο περιουσιακό στοιχείο.

Να είστε θετικοί

Η κριτική δεν βοήθησε ποτέ και δεν θα σας βοηθήσει να αναγνωριστείτε στη θέση σας. Αντιθέτως, μια θετική και ενθουσιώδης στάση είναι εποικοδομητική. Αυτό δεν σημαίνει ότι δεν πρέπει να προτείνετε αλλαγές, αντιθέτως. Ξεκινήστε με την επισήμανση των καλών πραγμάτων που ήδη υπάρχουν, πράγμα που θα σας δώσει τη δυνατότητα να έχετε ένα προσεκτικό και καλοπροαίρετο αυτί από τον συνομιλητή σας, ο οποίος στη συνέχεια θα είναι πρόθυμος να δεχτεί προτάσεις βελτίωσης.

Συνδυάστε προσοχή και πρωτοβουλία

Δεν είναι εύκολο να βρείτε τον κατάλληλο τόνο για να προωθήσετε το έργο σας χωρίς να προβάλλετε τον εαυτό σας και χωρίς να κινδυνεύετε να θεωρηθείτε "ξερόλας". Ωστόσο, είναι σημαντικό να παραμείνει κανείς μετριοπαθής και προσεκτικός, ενώ ταυτόχρονα πρέπει να είναι σε θέση να κάνει προτάσεις και να αναλαμβάνει πρωτοβουλίες αρκετά γρήγορα. Εν ολίγοις, πρέπει να είστε ορατοί, αλλά όχι πολύ ορατοί.

Μην προσπαθείτε να προσελκύσετε την προσοχή της ιεραρχίας πολύ γρήγορα. Η βιασύνη δεν είναι καλή στρατηγική. Ενσωματωθείτε στην ομάδα σας, στα τμήματα με τα οποία θα πρέπει να συνεργαστείτε, και γίνετε γνωστός όταν θα είστε όχι μόνο πλήρως λειτουργικός, αλλά κυρίως δημιουργός προστιθέμενης αξίας. Όταν έχετε φτάσει στο περίφημο νεκρό σημείο, το σημείο στο οποίο θα είστε σε θέση να προσδώσετε προστιθέμενη αξία στον εργοδότη σας, τότε ίσως αξίζει να σας προσέξουν.

Χρήση σαφούς γλώσσας

> *"Ό,τι είναι καλά κατανοητό, δηλώνεται με σαφήνεια,*
>
> *Και τα λόγια για να το πεις έρχονται εύκολα.*
>
> *Nicolas Boileau (1636-1711)*

Επομένως, καλή επικοινωνία σημαίνει επίσης να δείχνετε ότι όχι μόνο έχετε κατανοήσει τις προσδοκίες του εργοδότη σας και τα ζητήματα που διακυβεύονται στα έργα, αλλά ότι είστε επίσης σε θέση να δομήσετε και να οργανώσετε τις πληροφορίες που σας έχουν δοθεί. Το να εκφράζεστε με σαφήνεια και συνάφεια είναι ένα σημαντικό πλεονέκτημα και μια ιδιότητα που εκτιμάται τόσο από τους υφισταμένους και τους συναδέλφους όσο και από τους προϊσταμένους.

Μην παραμελείτε ούτε τη γραπτή σας επικοινωνία. Να απαντάτε γρήγορα στα μηνύματά σας, περιλαμβάνοντας ένα θέμα, αν δεν το έχετε ήδη κάνει, και μια υπογραφή στο τέλος του μηνύματος, ώστε να μπορείτε εύκολα να επικοινωνήσετε μαζί τους. Οργανώστε τις συναντήσεις σας με ώρα έναρξης και λήξης, τοποθεσία και ημερήσια διάταξη. Στις εκθέσεις και τα πρακτικά σας, χρησιμοποιήστε σύντομες προτάσεις και καταλόγους με κουκκίδες- μια τέτοια παρουσίαση είναι λιγότερο χρονοβόρα για τον αναγνώστη και διευκολύνει την αφομοίωση του περιεχομένου.

Έναρξη ενδιάμεσης συνέντευξης

Μετά από ένα μήνα παρουσίας στις εγκαταστάσεις, είναι συνετό να ζητήσετε μια συνάντηση με τον προϊστάμενό σας (N+1) προκειμένου να κάνετε μια πρώτη αξιολόγηση της εργασίας σας, να επισημάνετε τι έχετε επιτύχει, να διακρίνετε τα σημεία που πρέπει να βελτιωθούν και να διατυπώσετε τις προσδοκίες σας για τις επόμενες εβδομάδες και μήνες. Η συνάντηση αυτή είναι επιθυμητή, καθώς θα σας επιτρέψει να κινητοποιηθείτε ακόμη περισσότερο για το δεύτερο μέρος αυτού του μαραθωνίου, αλλά και να προσαρμόσετε τη στρατηγική σας, αν χρειαστεί, ώστε να βάλετε όλες τις πιθανότητες με το μέρος σας για να εξασφαλίσετε το μέλλον σας στην εταιρεία. Εάν το N+1 σας δεν αναλάβει την πρωτοβουλία να οργανώσει αυτή τη συνάντηση, τολμήστε να το ζητήσετε. Αυτό το αίτημα δεν μπορεί να παρερμηνευτεί- δείχνει τη συμμετοχή σας και την επιθυμία σας να τα πάτε καλά.

◉ ΜΙΚΡΟ ΣΥΝ

Σε περίπτωση διπλής διαχείρισης, ζητήστε να σας δεχτούν και οι δύο διαχειριστές σας. Ομοίως, σε περίπτωση ανταλλαγής μηνυμάτων ηλεκτρονικού ταχυδρομείου, παραλήπτες του μηνύματος θα πρέπει να είναι και οι δύο προϊστάμενοί σας.

ΟΡΙΣΜΕΝΕΣ ΙΔΙΑΙΤΕΡΟΤΗΤΕΣ

Η πρώτη δουλειά

Μόλις χθες ήσασταν φοιτήτρια και τώρα πατάτε και με τα δύο πόδια στον κόσμο των επιχειρήσεων. Υπάρχουν δύο παγίδες που πρέπει να αποφύγετε:

- υπερβολική αυτοπεποίθηση, ειδικά αν έχετε αποφοιτήσει από κορυφαίο σχολείο ή πανεπιστήμιο. Μπορεί να έχετε ένα καλό πτυχίο, αλλά έχετε ακόμη πολλά να μάθετε, και οι άνθρωποι γύρω σας είναι ως επί το πλείστον πολύ πιο έμπειροι από εσάς. Ο εργοδότης σας θα το εκτιμήσει αν δεν είστε αλαζόνας, αν κάνετε ερωτήσεις και αν αποδέχεστε τα λάθη σας ώστε να μπορείτε να βελτιωθείτε,

- έλλειψη αυτοπεποίθησης. Μην υποτιμάτε τον εαυτό σας. Μπορεί να μην έχετε μεγάλη εργασιακή εμπειρία, αλλά αν έχετε επιλεγεί για τη θέση εργασίας, αυτό οφείλεται στα προσόντα σας. Αξίζετε αυτή τη δουλειά και ανήκετε εδώ. Η επιθυμία σας για μάθηση, η νεότητά σας και η ενέργειά σας είναι πολύτιμα και περιζήτητα προσόντα. Να ξέρετε πώς να τα κάνετε γνωστά.

Η διοικητική θέση

Εάν ηγείστε μιας ομάδας, είναι απαραίτητο να αφιερώσετε χρόνο για να γνωρίσετε κάθε άτομο ξεχωριστά. Καταρτίστε από νωρίς ένα πρόγραμμα και στείλτε τα αντίστοιχα αιτήματα για ραντεβού.

Να είστε ενήμεροι για τυχόν διαφωνίες ή δυσκολίες στις σχέσεις εντός της ομάδας. Εάν είναι δυνατόν, μια συνάντηση, έστω και σύντομη, με τον προκάτοχό σας είναι πολύτιμη. Εάν ένα από τα μέλη της ομάδας είχε βάλει στο μάτι τη θέση σας, είναι προτιμότερο να το μάθετε γρήγορα. Οι πρώτες επαφές μπορεί να είναι περίπλοκες, γι' αυτό είναι καλύτερο να είστε προετοιμασμένοι γι' αυτό και να προσπαθήσετε να εξομαλύνετε το δρόμο.

Ενώ είστε χαμογελαστοί και εγκάρδιοι, προτιμήστε ένα ελαφρώς άκαμπτο στυλ διαχείρισης στην αρχή, ακόμη και αν αυτό σημαίνει χαλάρωση αργότερα, παρά να είστε ευέλικτοι και να πρέπει να επαναπροσδιορίσετε αργότερα. Αυτό δεν θα ήταν ευχάριστο για κανέναν.

Τέλος, για να εδραιώσετε την αξιοπιστία σας από την αρχή, προτιμήστε συγκεκριμένες και σύντομες δράσεις αντί για έργα μεγάλης κλίμακας. Αυτή η στρατηγική θα σας επιτρέψει να πετύχετε γρήγορα μικρές νίκες με την ομάδα σας.

 **ΜΙΚΡΟ ΣΥΝ**

Να θυμάστε ότι ένα άτομο που αισθάνεται ότι εκτιμάται και αναγνωρίζεται έχει περισσότερα κίνητρα και γενικά είναι πιο εύκολο να το διαχειριστείτε. Επίσης, μη διστάσετε να χρησιμοποιήσετε το μικρό όνομα του ατόμου με το οποίο έχετε να κάνετε για να το ευχαριστήσετε ή να του αναθέσετε μια εργασία. Ένα "Ευχαριστώ Πέτρο" είναι πολύ πιο πολύτιμο από ένα απλό "Ευχαριστώ".

Εάν γίνετε διευθυντής των πρώην συναδέλφων σας, υπάρχουν ορισμένα λάθη που πρέπει να αποφύγετε σε αυτή την περίπτωση:

- να μην αναλαμβάνετε τη νέα σας ιδιότητα και να διαβεβαιώνετε τη νέα σας ομάδα ότι ο διορισμός αυτός δεν θα αλλάξει τίποτα. Δεν υπάρχει καλύτερος τρόπος για να εδραιώσετε το κύρος σας ως διευθυντής, να αποκτήσετε αξιοπιστία και να κάνετε πράγματα να συμβούν!

- δείχνουν ευνοιοκρατία. Φυσικά, έχετε το δικαίωμα να διατηρείτε και να καλλιεργείτε τις φιλίες σας, αλλά στο χώρο εργασίας πρέπει να είστε δίκαιοι και αμερόληπτοι απέναντι στα μέλη της ομάδας σας,

- ξεχνάτε να υιοθετήσετε μια ορισμένη επιφύλαξη. Μόνο χθες θα μπορούσατε να είστε πολύ επικριτικοί απέναντι στην πολιτική της εταιρείας ή στη συμπεριφορά του διευθυντή της. Τώρα δεν έχετε πλέον την πολυτέλεια να κάνετε τις ίδιες παρατηρήσεις για τους ανωτέρους σας, οι οποίοι περιμένουν από εσάς να είστε υποστηρικτικοί.

Ανανέωση της δοκιμαστικής περιόδου

Η δοκιμαστική σας περίοδος μπορεί να παραταθεί εάν η δυνατότητα αυτή αναφέρεται ρητά στη σύμβαση εργασίας σας. Εάν ο εργοδότης σας αποφασίσει να εφαρμόσει αυτή τη ρήτρα, μην πανικοβάλλεστε! Αυτή είναι η πολιτική που υιοθετείται από πολλούς οργανισμούς σήμερα. Θα πρέπει να έχετε υπόψη σας ότι αν η αγορά εργασίας είναι περίπλοκη για εσάς ως εργαζόμενο, είναι επίσης περίπλοκη για τις επιχειρήσεις. Σε μια δύσκολη οικονομική συγκυρία, η ιεραρχία σας δεν κατέχει απαραίτητα τα διακυβεύματα και τους στόχους της εταιρείας σε περισσότερο ή λιγότερο μακροπρόθεσμο ορίζοντα και, ως εκ τούτου, ευνοεί την προσοχή. Μην χάνετε λοιπόν την εμπιστοσύνη στον εαυτό σας! Αντιθέτως, συνεχίστε να αποδεικνύετε ότι αποτελείτε μια ευκαιρία για τον υπεύθυνο προσλήψεων και ότι μπορείτε να κάνετε τα πράγματα να συμβούν, παραμένοντας πάντα σεμνός και θετικός. Ωστόσο, μην χάσετε την ευκαιρία να ζητήσετε μια συνάντηση με το αφεντικό σας, προκειμένου να διαπιστώσετε τα θετικά σημεία και τους τομείς που χρήζουν βελτίωσης.

ΣΥΧΝΕΣ ΕΡΩΤΗΣΕΙΣ

ΠΩΣ ΜΠΟΡΩ ΝΑ ΠΡΟΕΤΟΙΜΑΣΤΩ ΓΙΑ ΤΗ ΝΕΑ ΜΟΥ ΔΟΥΛΕΙΑ;

Σωματική προετοιμασία

Υιοθετήστε έναν υγιεινό τρόπο ζωής, συμπεριλαμβανομένου του αθλητισμού αν είναι δυνατόν. Το να φτάσετε ξεκούραστοι και γεμάτοι ενέργεια για να αντιμετωπίσετε αυτή την πολυάσχολη περίοδο μπορεί μόνο να σας ωφελήσει. Η υιοθέτηση ενός υγιεινού τρόπου ζωής θα σας βοηθήσει να επιβιώσετε μακροπρόθεσμα.

Διανοητική προετοιμασία

Ο απολογισμός της τελευταίας σας επαγγελματικής εμπειρίας και η συνειδητοποίηση ότι γυρίζετε σελίδα όταν ξεκινάτε μια νέα δουλειά είναι ένα θεμελιώδες βήμα προς την επιτυχία. Χάρη σε αυτή τη δουλειά με τον εαυτό σας, το μυαλό σας θα είναι πλήρως διαθέσιμο για τη νέα σας αποστολή. Στη συνέχεια, θα είστε σε θέση να βασιστείτε στα δυνατά σας σημεία και να αναλύσετε τη νέα κατάσταση με φρέσκια ματιά, ώστε να προσδώσετε πραγματική προστιθέμενη αξία.

ΠΩΣ ΔΙΑΧΕΙΡΙΖΟΜΑΙ ΤΟ ΑΓΧΟΣ ΜΟΥ;

Να θυμάστε ότι αν σας επέλεξαν, είναι επειδή διαθέτετε τις απαιτούμενες δεξιότητες και ιδιότητες. Δεν υπάρχει έλλειψη υποψηφίων αυτή τη στιγμή! Έχετε επιλεγεί επειδή είστε το κατάλληλο άτομο για τη συγκεκριμένη θέση εργασίας. Έχετε εμπιστοσύνη στον εαυτό σας! "Αν έχεις εμπιστοσύνη στον εαυτό σου, θα εμπνεύσεις εμπιστοσύνη στους άλλους", είπε ο Γκαίτε (γερμανός συγγραφέας, 1749-1832) στον *Φάουστ*.

ΤΙ ΝΑ ΦΟΡΕΣΩ;

Καθώς η πρώτη εντύπωση είναι ζωτικής σημασίας, είναι φρόνιμο να προσέχετε ιδιαίτερα τον ρουχισμό σας. Εάν η εργασία σας περιλαμβάνει άμεση επαφή με πελάτες, επιλέξτε επίσημη ενδυμασία, κοστούμι και γραβάτα για έναν άνδρα, κοστούμι για μια γυναίκα. Εάν δεν γνωρίζετε ποιος είναι ο ενδυματολογικός κώδικας της νέας σας εταιρείας, σκεφτείτε τι φορούσαν οι υπεύθυνοι προσλήψεων κατά τη διάρκεια των συνεντεύξεων, αλλά και το προσωπικό που συναντήσατε ή είδατε κατά τη διάρκεια των επισκέψεών σας στις εγκαταστάσεις.

Χρειάζεται να σας υπενθυμίσω ότι τα τζιν με τρύπες και τα αθλητικά παπούτσια πρέπει να αποφεύγονται, όπως και τα βαθιά ντεκολτέ και οι υπερβολικά κοντές φούστες για τις κυρίες; Είναι πάντα προτιμότερο να είστε υπερβολικά ντυμένοι παρά λίγο ντυμένοι, και κάποια έντονα χρώματα θα πρέπει να αποφεύγονται – εκτός από μικρές πινελιές. Τέλος, μην υποθέτετε ότι η Παρασκευή είναι *περιστασιακή*. Περιμένετε να δείτε ποιες είναι οι συνήθειες.

ΠΩΣ ΜΠΟΡΩ ΝΑ ΕΝΤΑΧΘΩ ΣΤΗΝ ΕΤΑΙΡΙΚΗ ΚΟΥΛΤΟΥΡΑ;

Η επιλογή της ενεργητικής ακρόασης είναι ο καλύτερος τρόπος για την ενσωμάτωση των κωδίκων της δομής. Δώστε προσοχή στα έθιμα και τις συνήθειες της ομάδας σας. Τι ώρα φτάνουν οι εργαζόμενοι στο γραφείο; Πότε εγκαταλείπουν τους σταθμούς εργασίας τους; Κάνουν διαλείμματα; Ποιες είναι οι συνήθειες όσον αφορά την ευγένεια ή την ανεπίσημη συμπεριφορά;

Επίσης, να είστε προσεκτικοί και να ανταποκρίνεστε, ώστε να κατακτήσετε τα εργαλεία εργασίας και τις διαδικασίες που ισχύουν το συντομότερο δυνατό. Η εξοικείωση με τα έθιμα είναι το πρώτο πράγμα που πρέπει να κάνετε αν θέλετε να γίνετε αποδεκτοί από όλους. Δεν είναι αυτές οι πτυχές των τρόπων και της συμπεριφοράς που πρέπει να ξεχωρίζετε.

ΠΩΣ ΜΠΟΡΩ ΝΑ ΚΑΝΩ ΤΟΥΣ ΑΝΘΡΩΠΟΥΣ ΝΑ ΑΠΟΔΕΧΤΟΥΝ ΤΙΣ ΑΛΛΑΓΕΣ ΠΟΥ ΘΕΛΩ ΝΑ ΚΑΝΩ;

Με το να είστε μια δύναμη πρότασης και πρωτοβουλίας θα σας προσέξουν θετικά. Για να το κάνετε αυτό, να είστε πάντα θετικοί! Μπορείτε να προτείνετε βελτιώσεις στις καθημερινές λειτουργίες ή αλλαγές κατεύθυνσης για έργα μεγάλης κλίμακας, με την προϋπόθεση ότι πάντα εκτιμάτε αυτό που έχει ήδη γίνει. Η αξιοποίηση των ήδη υπαρχόντων θετικών και επιτυχημένων στοιχείων αποτελεί βασική αρχή για να σας ακούν και να σας ακούν οι εργαζόμενοί σας. Η θετική στάση είναι μια σπάνια και σχεδόν καθολικά εκτιμώμενη ιδιότητα- είναι ένα από τα κύρια κλειδιά για την οικοδόμηση αξιοπιστίας.

ΠΟΙΟΝ ΝΑ ΡΩΤΗΣΩ;

Ο άμεσος προϊστάμενός σας είναι ο καταλληλότερος για να απαντήσει στις ερωτήσεις σας και είναι απολύτως θεμιτό να απευθυνθείτε σε αυτόν. Το πρόσωπο αυτό συμμετείχε στην πρόσληψή σας, θέτει τους στόχους σας και θα σας καλέσει στις συνεντεύξεις της ετήσιας αξιολόγησής σας. Δεν πρέπει να φοβάστε να κάνετε ερωτήσεις- είναι φυσιολογικό όταν φτάνετε σε μια νέα θέση να μην γνωρίζετε τα πάντα και να χρειάζεστε διευκρινίσεις. Λάβετε υπόψη σας ότι το αφεντικό σας έχει το ίδιο συμφέρον με εσάς να πάει καλά η δουλειά. Έχει επενδύσει αρκετό χρόνο και χρήμα στην πρόσληψή σας για να θέλει να έχει επιτυχία.

ΣΕ ΠΟΙΟΝ ΜΠΟΡΩ ΝΑ ΒΑΣΙΣΤΩ;

Και εδώ, η παρατήρηση και η ακρόαση είναι ζωτικής σημασίας για τον εντοπισμό αξιόπιστων ανθρώπων. Αυτοί θα πρέπει να διακρίνονται από τους ανθρώπους με επιρροή και από τους ανθρώπους που φαίνεται να σας εμπιστεύονται μιλώντας πολύ. Σε γενικές γραμμές, να προσέχετε τι σας λένε, να μη διστάζετε να συζητάτε θέματα που αφορούν τη δουλειά σας, αλλά να μην αποκαλύπτετε την ιδιωτική σας ζωή. Είστε στη δουλειά, όχι σε φιλικό κύκλο! Λάβετε επίσης υπόψη σας ότι μπορεί να υπάρχει λιγότερος ανταγωνισμός με έναν συνάδελφο σε γειτονικό τμήμα από ό,τι με έναν συνάδελφο με τον οποίο εργάζεστε μαζί. Μερικές φορές είναι ασφαλέστερο να ρωτάτε τον πρώτο για ευαίσθητα θέματα.

ΚΟΡΥΦΑΙΕΣ ΣΥΜΒΟΥΛΕΣ

- **Προβλέπετε.** Η προετοιμασία για την ανάληψη της νέας σας θέσης σημαίνει ότι πρέπει να δώσετε όλες τις πιθανότητες με το μέρος σας για να είστε λειτουργικοί και αντιδραστικοί από την ημέρα D και να είστε σε θέση να αφιερώσετε το μέγιστο δυνατό χρόνο στις νέες σας επαγγελματικές προκλήσεις.

- **Φροντίστε την εικόνα σας.** Το ντύσιμο, η στάση του σώματος, η προφορική έκφραση, τίποτα δεν πρέπει να παραμεληθεί. Οι συνάδελφοί σας θα κάνουν την πρώτη τους κρίση με βάση αυτή την αρχική εντύπωση. Αν αυτή η εικόνα είναι αρνητική, θα σας ακολουθεί για πολύ καιρό.

- **Να είστε θετικοί.** Κοιτάξτε τη θετική πλευρά, επισημάνετε τις αποτελεσματικές ενέργειες που έχουν γίνει, τα αποδοτικά εργαλεία που υπάρχουν ήδη στον οργανισμό και χαμογελάστε. Η θετική στάση και ψυχική κατάσταση είναι εποικοδομητικές- δημιουργούν ένα κλίμα εμπιστοσύνης και κινήτρων.

- **Να είστε οργανωμένοι.** Αρχειοθετήστε αμέσως τα έγγραφα που σας δίνονται, μην αφήνετε το γραφείο σας ακατάστατο και δείξτε αυτό το καθαρό και οργανωμένο μυαλό στα e-mail σας και όταν μιλάτε. Διαρθρώστε επίσης τις σημειώσεις σας. Θα πρέπει να προσλάβετε πολλές πληροφορίες σε σύντομο χρονικό διάστημα- αν είναι οργανωμένες, θα τις αφομοιώσετε και θα τις βρείτε ευκολότερα.

- **Να είστε διακριτικοί.** Μην επιδεικνύετε τις τελευταίες επαγγελματικές σας επιτυχίες ή την ιδιωτική σας ζωή. Το να ακούτε προσεκτικά είναι πολύ καλύτερο από το να κουβεντιάζετε αδιάκοπα.

- **Ακούστε, αναλύστε, σημειώστε.** Η απορρόφηση της κουλτούρας της εταιρείας σας είναι το πρώτο πράγμα που πρέπει να κάνετε αν θέλετε να αποφύγετε τα λάθη. Μην παραλείπετε βήματα θέλοντας να εμπλακείτε άμεσα στην εκτέλεση και την ομιλία- αυτή η προσεκτική ακρόαση είναι απαραίτητη για να πραγματοποιήσετε στη συνέχεια στοχευμένες και αποτελεσματικές δράσεις.

- **Ορίστε προτεραιότητες. Οι** αλλαγές είναι βέβαιο ότι θα έρθουν- μάλιστα, εν μέρει λόγω της καινοτομίας που θα φέρετε, σας προσέλαβαν και θα σας αξιολογήσουν. Επιδιώξτε γρήγορες και ορατές βελτιώσεις κατά τους πρώτους μήνες. Αυτός είναι ένας αποτελεσματικός τρόπος για να κερδίσετε την αποδοχή και να εδραιώσετε την αξιοπιστία σας, έτσι ώστε να μπορείτε στη συνέχεια να αναλάβετε πιο εκτεταμένη δράση μακροπρόθεσμα.

- **Επικοινωνήστε!** Τολμήστε να κάνετε ερωτήσεις, να ζητάτε διευκρινίσεις και συμβουλές. Το κλειδί είναι να ξέρετε πώς να παρουσιάζετε τα πράγματα και να βασίζεστε στους σωστούς ανθρώπους.

- **Μάθετε πώς να περιβάλλετε τον εαυτό σας.** Βρείτε τους ανθρώπους που εμπιστεύεστε, τους υπαλλήλους με επιρροή, τους συναδέλφους που πρέπει οπωσδήποτε να πείσετε για να προχωρήσετε μπροστά στην εταιρεία. Η οικοδόμηση μιας ομάδας, η δημιουργία ενός δικτύου, η δυνατότητα να βασίζεστε σε αξιόπιστες προσωπικότητες είναι πολύτιμο κεφάλαιο για την πρόοδο.

• **Έχετε εμπιστοσύνη στον εαυτό σας!** Κανείς δεν θα σας ανα-
θέσει σημαντικές εργασίες ή έργα-σημαία αν αμφιβάλλετε
για τον εαυτό σας και τις ικανότητές σας. "Η αυτοπεποίθηση
είναι το πρώτο μυστικό της επιτυχίας", είπε ο Αμερικανός
φιλόσοφος και συγγραφέας Έμερσον (1803-1882).

ΑΠΟ ΕΣΑΣ ΕΞΑΡΤΑΤΑΙ!

ΠΡΟΒΛΕΨΗ ΚΑΙ ΠΡΟΕΤΟΙΜΑΣΙΑ

Προκειμένου να κάνετε ένα διάλειμμα μεταξύ των δύο εργασιών σας και να προβληματιστείτε σχετικά με το τι περιμένετε από τη νέα σας εργασία, η κατάρτιση συνοπτικών πινάκων μπορεί να αποτελέσει μια ενδιαφέρουσα άσκηση.

Σε έναν πρώτο πίνακα, θα αναφέρετε στη μία πλευρά τα θετικά σημεία της τελευταίας σας επαγγελματικής εμπειρίας και στην άλλη τα αρνητικά σημεία. Για κάθε σημείο που θεωρείται αρνητικό, θα πρέπει να προσπαθήσετε να εκτιμήσετε το μερίδιο ευθύνης που σας αναλογεί: τεχνικό σφάλμα, κακή κατανόηση της κατάστασης, έλλειψη επικοινωνίας κ.λπ.

Ένας άλλος πίνακας θα δείχνει τις ομοιότητες και τις διαφορές μεταξύ της παλιάς σας εργασίας και αυτής που μόλις πήρατε. Μάθετε όσο το δυνατόν περισσότερα για τον νέο σας εργοδότη και αναλύστε διεξοδικά την περιγραφή της θέσης εργασίας σας, προκειμένου να προετοιμαστείτε όσο το δυνατόν καλύτερα για την εργασία σας. Με αυτόν τον τρόπο, θα ξέρετε πριν από τη μεγάλη μέρα ποια είναι τα δυνατά σας σημεία, τι έχετε κατακτήσει, ποιες είναι οι γκρίζες ζώνες και ποιες πτυχές πρέπει να βελτιωθούν. Γνωρίζοντας τις πιθανές μελλοντικές δυσκολίες, μπορείτε να τις εντοπίσετε και να προετοιμαστείτε για να τις αντιμετωπίσετε.

ΛΗΨΗ ΣΗΜΕΙΩΣΕΩΝ

Φροντίστε να καταγράφετε όλες τις πληροφορίες που σας δίνονται ή σας υποκλέπτουν, αλλά και τις ιδέες που θα έχετε από την πρώτη μέρα. Φυσικά, δεν θα είστε σε θέση να τις εκφράσετε αμέσως: ο πρώτος σας ρόλος κατά την ανάληψη της θέσης σας είναι να ακούτε και να ρωτάτε. Ωστόσο, επωφεληθείτε από αυτό το φρέσκο μάτι για να αποτυπώσετε τις πρώτες σας αντιλήψεις και εμπνεύσεις στο χαρτί. Μόλις εντρυφήσετε στην εταιρική κουλτούρα, θα δείτε αν αυτά τα σκίτσα πρέπει να αναπτυχθούν ή να ξεχαστούν.

Πάρτε ένα σημειωματάριο και χωρίστε το σε διάφορες υποενότητες.

- **Εκπαίδευση**: όλα όσα μαθαίνετε για τη δουλειά σας και την αποστολή σας, συμπεριλαμβανομένων των στόχων, των καθηκόντων, των ανθρώπων με τους οποίους θα συνεργαστείτε. Αν μπορείτε να σκεφτείτε κάποια εκπαίδευση που θα χρειαστείτε για να κάνετε τη δουλειά σας ή για να την κάνετε πιο αποτελεσματικά, σημειώστε την επίσης.

- **Ερωτήσεις**: οι ερωτήσεις που σας έρχονται στο μυαλό και μια αναφορά στο ποιον να ρωτήσετε.

- **Ιδέες για βελτιώσεις ή εξελίξεις.**

- **Λίστα εργασιών**: γράψτε, μαζικά και αμέσως μόλις σας έρθουν στο μυαλό, όλες τις εργασίες που μπορείτε να σκεφτείτε, χωρίς να ξεχνάτε να τις οργανώσετε και να τις προγραμματίσετε στη συνέχεια.

ΑΥΤΟΕΚΤΙΜΗΣΗ ΚΑΙ ΑΞΙΟΠΙΣΤΙΑ

Αν η αυτοεκτίμηση εξαρτάται μόνο από το όραμα που έχουμε για τον εαυτό μας σύμφωνα με το προσωπικό μας πλέγμα, η αξιοπιστία χορηγείται από τους ανθρώπους γύρω μας σύμφωνα με τα δικά τους κριτήρια. Έτσι, μόνο αν δουλέψουμε πάνω στον εαυτό μας, μπορούμε να αποκτήσουμε ένα καλό επίπεδο αυτοπεποίθησης, το οποίο αποτελεί απαραίτητη, αλλά όχι επαρκή προϋπόθεση για να μας κρίνουν οι άλλοι ως αξιόπιστους. Για να ολοκληρωθεί αυτή η διαδικασία, θα πρέπει επίσης να ακούσουμε τους γύρω μας, ώστε να κατανοήσουμε το πλέγμα ανάγνωσης των συναδέλφων μας.

Αυτή η παράμετρος αποτελεί βασικό παράγοντα επαγγελματικής επιτυχίας, γι' αυτό εκμεταλλευτείτε την στο έπακρο! Επομένως, δουλέψτε για την αξιοπιστία σας αμέσως μόλις φτάσετε στη νέα σας εταιρεία. Για να το κάνετε αυτό, καταγράψτε τις ακόλουθες πληροφορίες σε έναν πίνακα και ενημερώστε τον το συντομότερο δυνατό. Η ιδέα της άμεσης έναρξης αυτής της εργασίας είναι να αποφύγετε τον κίνδυνο να χάσετε τη νομιμότητα πριν καν καθιερώσετε τη στρατηγική σας.

ΓΙΑ ΝΑ ΠΡΟΧΩΡΗΣΕΤΕ ΠΕΡΑΙΤΕΡΩ

ΒΙΒΛΙΟΓΡΑΦΙΚΕΣ ΠΗΓΕΣ

ANGUENOT (Fabrice), "Managers, préparez bien votre prise de poste", στο *Lettreducadre.fr*, Νοέμβριος 2014, πρόσβαση στις 26 Μαρτίου 2016. http://www.lettreducadre.fr/10113/bien-manager-quelques-notions-pour-preparer-sa-prise-de-poste/.

CHANTREL (Yan), "Réussir son arrivée dans l'entreprise", στο *Carriereonline.com*, πρόσβαση στις 26 Μαρτίου 2016. http://www.carriereonline.com/e/reussir-son-arrivee-dans-l-entreprise.html.

DEVINAT (Antoine), "Accroître sa crédibilité, une condition essentielle à la réussite d'un gestionnaire", στο *PortailRH.org*, πρόσβαση στις 26 Μαρτίου 2016. http://www.portailrh.org/gestionnaire/fiche.aspx?p=461156.

RETO (Tiphaine), "Les six clés pour réussir son intégration en entreprise", στο *Cadremploi.fr*, Ιούνιος 2011, πρόσβαση στις 26 Μαρτίου 2016. http://www.cadremploi.fr/editorial/conseils/conseils-carriere/detail/article/les-six-cles-pour-reussir-son-integration-en-entreprise.html.

WATKINS (Michael), *90 days to succeed in your new job*, δεύτερη έκδοση, Γαλλία, Pearson, 2013.

ΠΡΟΣΘΕΤΕΣ ΠΗΓΕΣ

DESHARNAIS (René), *Tout est une question de crédibilité*, Québec, Les éditeurs réunis, 2010.

MENNECHET (Armand), *Réussir sa période d'essai*, Παρίσι, Studyrama, 2008.

Ο εκδότης διασφαλίζει την αξιοπιστία των πληροφοριών που δημοσιεύονται, η οποία όμως δεν μπορεί να αποτελέσει ευθύνη του.

Κύριο ISBN: 9782808664417
ISBN: 9782808671835
Νόμιμη κατάθεση: D/2023/12603/505

Ψηφιακός σχεδιασμός: Primento,
ο ψηφιακός συνεργάτης των εκδοτών.

9 782808 671835